Wir lieben das Landleben.

Kreativ kochen und dabei wenig Zeit und Mühe aufwenden: Wie das geht, zeigen Ihnen die Blitzrezepte in diesem Buch. Das „Geheimnis": Hier kommt alles aus der Pfanne. Eine Armada von Kochtöpfen und sonstigen Küchenutensilien ist überflüssig. Diese hier zusammengestellten Rezeptideen beweisen, wie einfach abwechslungsreiche Pfannengerichte umzusetzen sind. Kombinieren Sie nach Gusto Gemüse, Fleisch, Fisch, Kartoffeln, Nudeln & Co. zu raffinierten Gerichten.

Vorwort

Hier finden Sie u. a. Gerichte mit Komponenten aus der indischen, spanischen, italienischen, chinesischen, und französischen Küche: Alles in der Pfanne zubereitet. Vegetarisches – süß oder herzhaft – ist ebenfalls ruck, zuck fertig. Ein karamellisierter Armer Ritter, ein leckeres Pfannenbrot, eine köstliche Spargel-Frittata oder eine spanische Quesadilla: Geht schnell, schmeckt toll.

Unverzichtbar ist die Pfanne übrigens auch, wenn es um eine phantasievolle Resteverwertung geht. Dabei müssen es nicht immer die Bratkartoffeln oder der Bratreis sein, wenn vom Vortag noch etwas übrig geblieben ist. Da geht viel mehr.
Seien Sie mutig. Zaubern und experimentieren Sie! Lassen Sie sich dabei von den „Leckeren Pfannengerichten" inspirieren, und probieren Sie aus, was die Pfanne '

Janny Hebe

Dibbelabbes
S. 12

Pilzpfanne
S. 80

LECKERE Pfannen-Gerichte

Mit Fisch oder Fleisch

Vegetarisch – süß & herzhaft

Mit Fisch oder Fleisch

Bauernpfanne

Bauernpfanne

ZUTATEN *(für 4 Personen)*
750 g gekochte Kartoffeln
1 Zwiebel
3 Scheiben gekochter Schinken
2 EL Öl
30 g Butter
3 Frühlingszwiebeln
200 g Feta
6 Eier
6 EL Milch
Salz, Pfeffer

ZUBEREITUNG

DIE KARTOFFELN schälen und in Scheiben schneiden. Die Zwiebel schälen und fein würfeln. Schinken in feine Streifen schneiden. Öl und Butter erhitzen. Die Kartoffeln darin knusprig braun braten und leicht salzen. Die Zwiebelwürfel und Schinkenstreifen dazugeben. Einige Minuten mit braten.

DIE FRÜHLINGSZWIEBELN in Ringe schneiden, den Fetakäse zerbröseln. Eier und Milch verquirlen, salzen, pfeffern und über die Kartoffeln gießen. Mit den Frühlingszwiebeln und dem Feta bestreuen. Bei geschlossenem Deckel die Eiermasse in der Pfanne stocken lassen. Dabei die Temperatur zu schwacher Hitze reduzieren, da das Gericht sonst am Pfannenboden verbrennt und an der Oberfläche noch roh ist. Sofort servieren.

TIPP: *Wer es lieber vegetarisch mag, lässt den gekochten Schinken einfach beiseite.*

ZUTATEN *(für 4 Personen)*

750 g Hackfleisch
5–6 frische rote Chilischoten (scharf)
1 große Zwiebel
4 Knoblauchzehen
5 EL Öl
1 kleine Dose junger Gemüsemais
je 2 Dosen (à 425 g) Kidneybohnen und geschälte Tomaten
1 TL brauner Zucker
2 TL getrockneter Thymian
1 Lorbeerblatt
½ TL gem. Kreuzkümmel
Salz
1 Prise Cayennepfeffer
1 EL Worcestersauce
2–3 EL Maismehl

Chili con Carne

ZUBEREITUNG

DIE ZWIEBEL abziehen und klein würfeln. Die Chilischoten aufritzen, entkernen, gründlich waschen und in feine Ringe schneiden. Die Tomaten im Mixer pürieren.

DAS ÖL in einer großen schweren Pfanne erhitzen. Portionsweise das Hackfleisch bei mittlerer Hitze anbraten. Dabei die Zwiebelwürfel zum Schluss dazugeben und darauf achten, dass das Hackfleisch nicht zu dunkel gerät. Anschließend das gesamte angebratene Hackfleisch wieder in die Pfanne geben, den Knoblauch dazupressen und die Chiliringe einrühren. Die pürierten Tomaten angießen und das Ganze mit den restlichen Zutaten – außer Maismehl, Mais und Bohnen – würzen.

DAS CHILI CON CARNE bei ganz schwacher Hitze für etwa anderthalb Stunden schmoren, zwischendurch mehrmals umrühren. Wenn dabei zu viel Flüssigkeit verkocht, Wasser nachgießen. Nach einer Stunde Mais und Bohnen unterrühren.

VOR DEM SERVIEREN das Chili von Carne mit dem Maismehl binden. Aufkochen lassen und abschließend pikant abschmecken.

Chili con Carne

Couscous-Pfanne mit Lamm

ZUTATEN *(für 2 Personen)*

2 Knoblauchzehen, fein gehackt
1 TL Kreuzkümmel
2 EL Pflaumenmus
Olivenöl, 1 EL Essig
1 Chilischote, entkernt, fein gehackt
50 ml Rotwein
Salz, Pfeffer
400 g Lammhüftsteaks
2 Paprikaschoten (rot und gelb)
1 Zucchini
1 Bd. Frühlingszwiebeln
3 EL Pinienkerne
200 g Couscous
50 g Butter
2 Msp. Zimtpulver
250 ml Gemüsebrühe

Couscous-Pfanne mit Lamm

ZUBEREITUNG

KNOBLAUCH, Kreuzkümmel, Pflaumenmus, Olivenöl, Essig, Wein, Chilischote und etwas Salz und Pfeffer in einer großen Schüssel miteinander vermischen. Die Steaks hineinlegen und in der Marinade wenden, bis sie ganz davon überzogen sind. Mindestens 30 Minuten ziehen lassen.

IN DER ZWISCHENZEIT Öl in einer Pfanne erhitzen und die gewürfelten Paprika 5 Minuten lang andünsten. Die in Scheiben geschnittene Zucchini, die in Ringe geschnittenen Frühlingszwiebeln und die Pinienkerne hinzufügen und unter ständigem Rühren mit dünsten, bis die Zucchini gerade weich ist. Das Gemüse in einer Schüssel zur Seite stellen.

COUSCOUS mit Butter, Zimt, etwas Salz und Pfeffer in eine Schüssel geben und die frisch zubereitete heiße Gemüsebrühe darüber gießen. Gut umrühren, mit Klarsichtfolie abdecken und das Couscous 5 Minuten quellen lassen.

DIE PFANNE kurz säubern und die Lammsteaks in etwas Öl von jeder Seite 3 Minuten braten.

DAS GEMÜSE mit einer Gabel unter das Couscous mischen und mit den heißen Lammsteaks servieren.

ZUTATEN *(für 4 Personen)*
1 kg Kartoffeln
1 Stange Lauch
150 g geräucherter Speck
1 Ei
Petersilie, Majoran
Salz, Pfeffer
Butterschmalz

Dibbelabbes

ZUBEREITUNG

DEN SPECK klein würfeln und in einer Pfanne auslassen. Die Kartoffeln schälen, grob reiben und in einem Geschirrtuch fest ausdrücken. Den Lauch putzen, gründlich waschen und in feine Ringe schneiden. Die Kräuter waschen und hacken, dann mit Speck und Kartoffeln vermischen. Je nach Geschmack würzen.

BUTTERSCHMALZ in einer Pfanne erhitzen, die Kartoffelmasse einfüllen. Die Masse anbraten und unter ständigem „Umschichten" Krüstchen bilden lassen, bis die Kartoffelmasse gar ist. Dies dauert etwa 1 Stunde.

ZUSAMMEN mit einem knackigen Salat servieren.

INFO: *„Dibbe" bedeutet „der Topf", „Labbe" der Lappen. Daher rührt die Bezeichnung dieses Gerichtes. Dieser köstliche mundartliche „Topflappen" ist in einigen Regionen Deutschlands – Eifel, Saarland, Rheinland und Westerwald – ein sehr beliebtes – und auch preiswertes – Kartoffelgericht.*

Dibbelabbes

Ente aus der Pfanne

ZUTATEN *(für 4 Personen)*
200 g Entenbrust (ohne Haut)
1 Chilischote (gehackt)
150 g Zuckerschoten
3 Frühlingszwiebeln, 1 Knoblauchzehe
1 Stück Ingwer (ca. 3 cm)
1 EL Sojasauce
1 EL Chilisauce
1 EL Oystersauce
50 ml Hühnersuppe
1 Msp. Maisstärke
Salz, Pfeffer
1 EL Sesamöl

Ente aus der Pfanne

ZUBEREITUNG

DAS ENTENFLEISCH waschen, mit Küchenkrepp trocken tupfen und in feine Streifen schneiden. Salzen und pfeffern. Den Ingwer schälen, die Knoblauchzehe abziehen und beides fein hacken.

DIE FRÜHLINGSZWIEBELN putzen, waschen und in feine Ringe schneiden. In einer Wokpfanne das Sesamöl gut erhitzen. Die Entenbruststreifen darin unter ständigem Wenden anbraten. Das Fleisch herausheben. Die klein gehackte Chilischote, Knoblauch, Ingwer, Frühlingszwiebeln und Zuckerschoten dazugeben und im Bratenfett unter mehrmaligem Umrühren ca. 1 Minute braten.

SOJASAUCE, Chilisauce, Oystersauce, Hühnersuppe sowie Maisstärke zu einem Fond verrühren und in die Wokpfanne gießen. Durchrühren und das Fleisch wieder dazugeben. Alles noch 1 Minute köcheln lassen. Dann in kleinen Schälchen anrichten und zusammen mit chinesischen Eiernudeln oder Reis servieren.

TIPP: *Die für dieses Gericht notwendigen Saucen kauft man gut und günstig im Asia-Laden. Wer die hier verwendeten Gemüsesorten nicht so gern mag, kann sie durch anderes Gemüse ersetzen. Wer die geschmackliche Bandbreite dieses Rezeptes erweitern möchte, nimmt einfach noch mehr Gemüsesorten hinzu.*

ZUTATEN *(für 2–3 Personen)*
600 g fester weißer Fisch (Kabeljau, Seelachs etc.)
4 EL Fischsauce
½ TL schwarzer Pfeffer
5 Krachaiwurzeln (Asia-Laden)
20 thailändische Basilikumblätter (Asia-Laden)
1 rote Paprika
1 Dose Kokosmilch (400 ml)
2 EL grüne Currypaste
2 TL Palmzucker (Asia-Laden)

Fischbällchen

IN GRÜNEM CURRY

ZUBEREITUNG

DEN FISCH kalt abbrausen und in 3 cm große Stücke schneiden. Dann zusammen mit 2 EL Fischsauce und dem Pfeffer in einem Mixer bzw. einer Küchenmaschine pürieren. Dann die Masse durchkneten und zu kleinen Bällchen formen. Abdecken und für eine halbe Stunde in den Kühlschrank stellen.

DIE KRACHAIWURZELN waschen, mit einem Messer abschaben, erst in Scheiben und dann in Stifte schneiden. Die Basilikumblätter waschen und trocken schütteln. Die Paprikaschote halbieren, entkernen, von den Rippen befreien, gründlich waschen, trocken tupfen und in Streifen schneiden.

EINE GROSSE PFANNE erhitzen und den sämigen Anteil der Kokosmilch aufkochen, die Currypaste einrühren und etwa 3 Minuten unter ständigem Rühren köcheln lassen. Die restliche Kokosmilch, Fischsauce und den Palmzucker hinzufügen. Einmal gut durchkochen lassen, dann die Fischbällchen hineingeben, zum Schluss die Basilikumblätter unterheben.

Fischbällchen

IN GRÜNEM CURRY

TIPP: *Die Krachaiwurzeln können gut durch geriebenen Ingwer ersetzt werden.*

Fischeintopf

AUS DER PFANNE

ZUTATEN *(für 4 Personen)*

1 kg Fischfilet
(z. B. Zander, Barbe
oder Barsch)
250 g Garnelen
Saft von 1 Zitrone
4 Knoblauchzehen
1 große Zwiebel
2 große reife Tomaten
1 große Paprika
Olivenöl, ½ Bd. Koriander
1 EL Pimenton (geräuchertes
Paprikapulver)
400 ml Kokosmilch
Salz, Pfeffer

Fischeintopf

AUS DER PFANNE

ZUBEREITUNG

DIE FISCHFILETS waschen, trocken tupfen, nebeneinanderlegen und mit Zitronensaft beträufeln. 5 Minuten ziehen lassen. Dann jedes Filet mit zerdrücktem Knoblauch und Salz würzen.

DIE ZWIEBEL abziehen, Tomaten und Paprika waschen, entkernen. Diese Zutaten in große Stücke bzw. Streifen schneiden. Garnelen in eine Schüssel geben, salzen und mit dem restlichen Knoblauch würzen.

DIE PFANNE aufheizen und darin ein Bett aus der Hälfte der Zwiebel-, Paprika- und Tomatenstücke auslegen. Die Hälfte vom Koriander und Pimenton darauf geben und das Ganze mit ein wenig Olivenöl benetzen. Die Fischfilets nebeneinander darauf legen und in derselben Reihenfolge wie vorher mit Zwiebel, Paprika, Tomaten, Koriander und Pimenton bedecken.

DIE PFANNE mit einem Deckel verschließen und alles etwa 10 Minuten kochen lassen. Danach sollte genügend Brühe entstanden und der Fisch nahezu gekocht sein. Die Garnelen hinzufügen und die Pfanne wieder abdecken. Für weitere 8 Minuten kochen lassen. Nicht rühren, damit der Fisch nicht zerfällt. Die Kokosmilch angießen und das Ganze weitere 5 Minuten abgedeckt kochen lassen. Abschließend die Hitze abschalten und mit Salz, Pfeffer und Pimenton abschmecken.

ZUTATEN *(für 4 Personen)*
500 g festkochende Kartoffeln
1 rote und 1 gelbe Paprika
2 rote Zwiebeln
600 g Fischfilet (Sorte nach Belieben)
5 EL Öl, 40 g Butter
Salz, Pfeffer
4 Stiele Liebstöckel
2 EL geriebener frischer Meerrettich

Fischpfanne

ZUBEREITUNG

DIE KARTOFFELN – möglichst am Vortag – in reichlich Salzwasser kochen. Abgießen, ausdämpfen und abkühlen lassen, beiseitestellen. Anschließend pellen und in ½ cm dicke Spalten schneiden. Paprika halbieren, entkernen, von den Rippen befreien, gründlich waschen und klein würfeln. Die Zwiebeln abziehen und ebenfalls klein würfeln.

DAS FISCHFILET waschen, mit Küchenkrepp trocken tupfen und in 2 cm breite Stücke schneiden. Öl und Butter in einer Pfanne erhitzen, die Fischstücke darin bei mittlerer Hitze 2–3 Minuten goldbraun braten. Salzen und pfeffern, dann die Fischstücke vorsichtig auf einem Teller ablegen und mit Alufolie abdecken.

IN DIESEM ÖL die Kartoffeln anbraten, bis sie eine appetitliche goldbraune Farbe angenommen haben. Paprika- und Zwiebelwürfel hinzufügen und noch 5 Minuten mit braten. Den Fisch unterheben, mit Liebstöckel und Meerrettich bestreuen, dann mit Salz und Pfeffer abschmecken.

Fischpfanne

Garnelen aus der Pfanne

ZUTATEN *(für 2 Personen)*

2 Knoblauchzehen
500 g grüner Spargel
6 Frühlingszwiebeln
100 g Zuckerschoten
1 rote Chilischote
10 Stiele glatte Petersilie

FÜR DIE SAUCE:
5 EL Sake
4 EL Austernsauce
1 EL Fischsauce
1 EL Sesamöl
1 TL Zucker

AUSSERDEM:
400 g Garnelen
5 EL Öl
Salz, Pfeffer
Saft von 1 Limette

Garnelen aus der Pfanne

ZUBEREITUNG

KNOBLAUCH abziehen und fein hacken. Den Spargel im unteren Drittel schälen, die Endstücke abschneiden. Dann den Spargel in der Länge in 5–6 cm lange Stücke schneiden. Die Frühlingszwiebeln putzen und waschen, dann in feine Röllchen schneiden. Bei den Zuckerschoten die Fäden ziehen. Die Chilischote putzen und in feine Ringe schneiden. Die Petersilie mitsamt den zarten Stielen grob hacken.

FÜR DIE SAUCE den Sake mit Austernsauce, Fischsauce, Sesamöl und Zucker verrühren.

DIE GARNELEN abspülen und gründlich trocken tropfen. In einer großen Pfanne 2 EL Öl stark erhitzen und die Garnelen darin portionsweise je 1 Minute von beiden Seiten anbraten. Herausheben und beiseitestellen.

DAS RESTLICHE ÖL in die Pfanne geben und den Spargel darin unter Rühren 2–3 Minuten andünsten. Knoblauch, Zuckerschoten, Chilischote und Frühlingszwiebeln dazugeben und 2 Minuten mit braten. Die Saucenmischung hinzufügen und zugedeckt 4–5 Minuten garen.

DIE GARNELEN und die Petersilie nach 2 Minuten dazugeben. Mit Salz, Pfeffer und Limettensaft würzen und servieren.

ZUTATEN *(für 4 Personen)*
4 rote Paprikaschoten
4 Fleischtomaten (im Winter aus der Dose)
3 EL Olivenöl
2 Knoblauchzehen
6 Eier
1 Bd. Petersilie
1 TL Butter
400 g mild geräucherter Schinken
Salz, Pfeffer

Geschmorte Paprika

AUF FRANZÖSISCHE ART

ZUBEREITUNG

PAPRIKA HALBIEREN, entkernen, die weißen Rippen entfernen, gründlich waschen und in feine Streifen schneiden. Die Tomaten kreuzweise leicht einschneiden, mit kochend heißem Wasser überbrühen und häuten. Die Kerne entfernen und das Fruchtfleisch klein würfeln.

ÖL IN DER PFANNE erhitzen. Darin zuerst die Paprika schmoren und nach einigen Minuten die Tomaten dazugeben. Salzen, pfeffern und den fein gehackten Knoblauch hinzufügen. Umrühren und alles zugedeckt bei milder Hitze 25 Minuten köcheln lassen.

DIE EIER In einer Schüssel kräftig aufschlagen. Die Petersilie waschen, trocken tupfen, fein hacken und unterrühren.

WENN DAS GEMÜSE gar ist, die Eier unterrühren. Kurz stocken lassen. Die Masse sollte weich bleiben und nicht die Konsistenz eines Omeletts annehmen. Die Pfanne vom Herd ziehen.

IN EINER 2. PFANNE die Butter schmelzen und die Schinkenscheiben ganz kurz darin braten. Den Schinken kurz auf ein Küchenpapier legen, damit das überschüssige Fett aufgesaugt wird. Dann zusammen mit dem geschmorten Paprikagemüse servieren.

Geschmorte Paprika

AUF FRANZÖSISCHE ART

Kreolische Reispfanne

ZUTATEN *(für 6 Personen)*

450 g gemischtes Gemüse (Bohnen, Paprika, Stangensellerie, Buschbohnen etc.)
60 g Butter
2 Knoblauchzehen
200 g Hühnerleber
250 g Hackfleisch vom Schwein
Salz, Pfeffer
½ TL Tabasco
je 1 TL Paprika, Chilipulver
je 1 EL Majoran und Salbei, gehackt
schwarzer Pfeffer
1 l Hühnerbrühe
400 g weißer Langkornreis

Kreolische Reispfanne

ZUBEREITUNG

DAS GEMÜSE küchenfertig vorbereiten und in ca. 30 g Butter halbgar dünsten. Den gehackten Knoblauch dazugeben und untermischen, dann das Gemüse aus der Pfanne nehmen und beiseitestellen.

DIE HÜHNERLEBER gründlich waschen, trocken tupfen und hacken. Das Hackfleisch zusammen mit der Hühnerleber in der restlichen Butter bei ständigem Rühren krümelig anbraten, eventuell hier und da das Fleisch, wo es etwas klumpt, mit dem Holzspatel zerteilen.

DAS GEMÜSE wieder dazugeben, alle Kräuter, Gewürze, den Reis und die Brühe einrühren. Aufkochen lassen, noch einmal umrühren und auf ganz kleiner Flamme ca. 20 Minuten bei geschlossenem Deckel köcheln lassen. Sollte die Brühe nicht ganz absorbiert sein, das Ganze in der offenen Pfanne bei gelegentlichem vorsichtigem Umrühren ausdünsten lassen.

ZUTATEN *(für 4 Personen)*

200 g getrocknete Feigen
1 kleine Dose Safranfäden
4 Hähnchenbrustfilets
1 große Zwiebel
4 EL Olivenöl
Abrieb von 1 Bio-Orange
2 Lorbeerblätter
1 Zimtstange
Salz, Pfeffer
75 g gehobelte Mandeln
2 EL Sesamsamen

Marokkanische Pfanne

ZUBEREITUNG

IN EINEM TOPF ca. 200 ml Wasser zum Kochen bringen. Anschließend die Feigen hineingeben und 3 Minuten bei geringer Hitze kochen lassen. Feigen abgießen und abtropfen lassen. Dabei den Sud auffangen, so hat man Wasser mit Geschmack zum Angießen, falls das Ganze beim Kochen zu trocken wird.

DIE SAFRANFÄDEN in eine Tasse geben, etwa 3 EL kochendes Wasser hinzufügen und beiseitestellen.

DIE HÄHNCHENBRUSTFILETS parieren, waschen, trocken tupfen und in Streifen schneiden. Die Zwiebel abziehen und fein hacken. Olivenöl in der Pfanne erhitzen, das Hähnchenbrustfilet dazugeben und gut durchbraten. Die Zwiebelwürfel hinzufügen und mit braten, bis sie glasig sind.

VON DER ORANGE die Schale abreiben, das Safranwasser, die Lorbeerblätter, die Zimtstange und den Schalenabrieb mit in die Pfanne geben und gut vermengen. Mit Salz und Pfeffer abschmecken. Anschließend das Fleisch etwa 15 Minuten bei geringer Hitze köcheln lassen. Feigen und Mandeln dazugeben und alles noch einmal kurz erhitzen.

SESAM OHNE FETT in einer Pfanne rösten. Die marokkanische Pfanne auf Tellern anrichten, mit dem gerösteten Sesam bestreuen und servieren.

Marokkanische Pfanne

INFO: *Auch Bio-Orangen müssen mit heißem Wasser gründlich abgewaschen werden, wenn man den Schalenabrieb weiterverwenden möchte.*

Paella

ZUTATEN *(für 4 Personen)*

3 Paprikaschoten (in Würfeln)
2 Zwiebeln (in Würfeln)
1 Knoblauchzehe
1 kl. Dose Mais
1 Pck. Meeresfrüchte nach Wahl (TK)
200 g Gambas
2 Dosen Safran
1 l Hühnerbrühe
500 g Paella-Reis
Olivenöl
Salz, Pfeffer
Paprikapulver

Paella

ZUBEREITUNG

DIE MEERESFRÜCHTE und küchenfertig vorbereiteten Gambas mit dem Gemüse und dem Knoblauch mit etwas Öl kurz in der Pfanne anbraten. Den Reis, die Brühe und den Safran dazugeben und 20 Minuten dünsten lassen. Bei Bedarf nachwürzen.

TIPP: *Wer eine Paella auf landestypische Weise zubereiten möchte, benötigt eine große und flache Pfanne, im Spanischen „paellera" genannt, und einen Holzofen. Denn die Paella wird dort im Freien mit Rauchentwicklung zubereitet. So erhält sie das nötige Aroma. Natürlich kann man eine Paella aber auch zuhause auf dem Herd zubereiten. Hierfür wird spezieller Paella-Reis mit den Meeresfrüchten, frischem Gemüse, Öl und in einem Fond mit Safran gegart. Dabei sollte nicht umgerührt werden, damit der Reis am Pfannenboden ein bisschen anbrät und knusprig wird. Durch den Fond mit Safran gart der Reis und erhält seine typisch gelbe Farbe. Gern können außerdem frische Kräuter wie z. B. Majoran zur Paella hinzugegeben werden.*

ZUTATEN *(für 2 Personen)*
400 g Schweinefleisch (Schnitzel oder Filet)
1 große Zwiebel
3 Knoblauchzehen
Olivenöl
1 EL gehackter Oregano
1 EL gehackter Thymian
1 Prise Salz, Pfeffer, Paprikapulver

Pfannengyros

ZUBEREITUNG

DAS FLEISCH abwaschen, trocken tupfen und in feine Streifen schneiden, die Zwiebel abziehen und in halbe Ringe schneiden. Die Knoblauchzehen abziehen und entweder fein würfeln oder durch eine Knoblauchpresse drücken. Mit dem Fleisch, den Zwiebeln und den Gewürzen in eine Schüssel geben und verrühren. Dann 5 EL Öl dazugeben und noch einmal durchrühren. Mindestens 2 Stunden durchziehen lassen.

DANACH DIE MARINIERTEN Fleischstreifen in eine heiße Pfanne geben und unter mehrmaligem Wenden braten. Heiß servieren.

TIPP: *Die klassischen Beilagen sind Fladenbrot, Zaziki und Tomatensalat.*

Pfannengyros

Pfannenpizza

TIPP: *Den Belag können Sie nach Herzenslust variieren.*

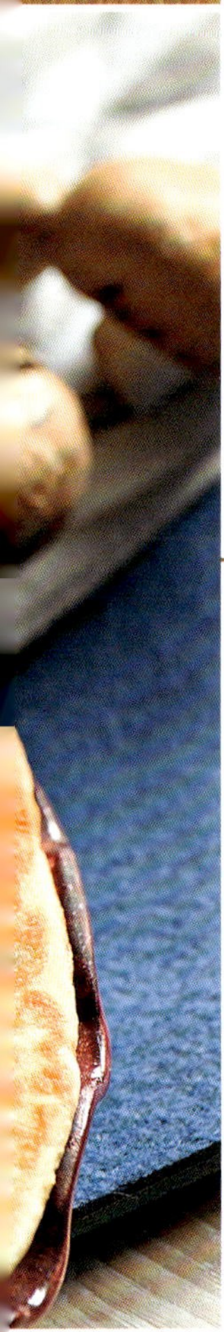

ZUTATEN *(für 4 Pizzen)*

FÜR DEN TEIG:
280 g Mehl
4 TL Olivenöl
150 ml lauwarmes Wasser
1 Beutel Trockenhefe
1 Prise Zucker
1 Prise Salz

FÜR DEN BELAG:
1 Dose passierte Tomaten (425 g Füllgewicht)
Salz, Pfeffer, Zucker
1 EL gehacktes Basilikum
1 EL gehackter Oregano oder Majoran
4 Scheiben gekochter Schinken in Würfeln
4 große Champignons in Scheiben
2 Kugeln Büffelmozzarella in Scheiben
ein paar Zweige Rucola

Pfannenpizza

ZUBEREITUNG

Das Mehl in eine Schüssel geben, 1 TL Olivenöl hinzufügen, die Hefe in lauwarmem Wasser auflösen, mit einer Prise Zucker verrühren und dazugeben. Den Teig mit dem Knethaken verrühren, salzen und ca. 30 Minuten gehen lassen.

FÜR DEN BELAG die passierten Tomaten mit den gehackten Kräutern, Salz, Pfeffer und einer Prise Zucker würzen.

DEN TEIG in 4 Portionen teilen und jeweils dünn ausrollen. Eine größere Pfanne erhitzen, den Teig hineingeben, nach 5 Minuten wenden. Dabei die Pfanne nicht zu heiß werden lassen, sonst brennt der Teig an. Mit den passierten Tomaten bestreichen, dann die Schinkenwürfel darauf verteilen. Darauf die Champignonscheiben legen und mit Mozzarella belegen. Die Pfanne mit einem Deckel verschließen und warten, bis der Käse geschmolzen ist. Pizza aus der Pfanne heben und mit Rucola bestreuen.

ZUTATEN *(für 4 Personen)*

FÜR DIE GNOCCHI:

300 g Quark
2 Eier
100 g Pecorino
200 g Mehl
etwas Mehl zum Kneten
Salz, Pfeffer, Muskat

FÜR DIE RINDERFILETPFANNE:

400 g Rinderfilet
1 Knoblauchzehe
2 Schalotten
5 Frühlingszwiebeln
2 Handvoll Champignons
Pfeffer, grob geschrotet
1 TL Speiseöl, Salz, Pfeffer
Optional: Kräuter
Weißwein und Sahne

Rinderfiletpfanne

MIT GNOCCHI

ZUBEREITUNG

FÜR DIE GNOCCHI Quark mit Eigelb, Pecorino, geschlagenem Eiweiß und Mehl zu einem Teig verkneten. Mit etwas Salz, Pfeffer und Muskat würzen und dann den Teig in Rollen von ca. 3 cm Durchmesser formen. Diese in 2 cm lange Stücke schneiden und in leicht kochendem Salzwasser kochen, bis sie an der Oberfläche schwimmen. Herausheben und abtropfen lassen..

RINDERFILET trocken tupfen und in Streifen schneiden. Knoblauch abziehen und zerdrücken, Schalotten abziehen und in Streifen schneiden. Frühlingszwiebeln in Ringe und Champignons in feine Scheiben schneiden.

ÖL IN DER PFANNE erhitzen, Filet und Gnocchi nacheinander anbraten und herausheben. Das Filet mit Salz und Pfeffer würzen. Knoblauch in dem verbliebenen Bratfett andünsten, Champignons und Frühlingszwiebeln dazugeben und etwa 10 Minuten braten. Mit Kräutern, Salz und Pfeffer abschmecken. Nun das Filet und die Gnocchi unterheben.

Rinderfiletpfanne

MIT GNOCCHI

TIPP: *Wer es gern sahnig mag, gibt noch einen Schuss Sahne und Weißwein an die Sauce, bevor das Fleisch und die Gnocchi wieder in die Pfanne gegeben werden.*

Risotto mit Curry & Huhn

ZUTATEN *(für 4 Personen)*
2 Knoblauchzehen
1 Bd. Frühlingszwiebeln
1 Möhre
1 rote Paprika
4 EL Öl
250 g Risotto-Reis
100 ml Weißwein
500 ml Gemüsebrühe
2 EL Curry
Chili (nach Belieben)
Salz
500 g Hühnerbrust
¼ frische Ananas

Risotto mit Curry & Huhn

ZUBEREITUNG

DIE KNOBLAUCHZEHEN schälen und fein würfeln. Die Frühlingszwiebeln in Ringe, die Möhre in dünne Stifte schneiden. Die Paprikaschote halbieren, von Kernen und Rippen befreien, gründlich waschen und klein würfeln. Diese Zutaten in 2 EL Öl andünsten. Dann den Risotto-Reis zugeben und unter Rühren erhitzen, bis die Körner glasig sind und glänzen. Mit Weißwein ablöschen, die Gemüsebrühe angießen und alles einkochen. Dabei mit Curry und Chili kräftig würzen. (Wer nicht gern so scharf isst, nimmt dementsprechend weniger Chili.)

DIE HÜHNERBRUST parieren, kalt abbrausen, mit Küchenpapier trocken tupfen und in mundgerechte Stücke schneiden. Das Hühnerfleisch im restlichen Öl knusprig anbraten. Die Ananas in Stücke schneiden, kurz mit braten und zusammen mit dem Fleisch unter das Curry-Risotto heben.

ZUTATEN *(für 2 Personen)*
250 g Chorizo (Paprikasalami)
Olivenöl
1 rote Paprika
1 grüne Paprika
2 Zwiebeln
300 gelbe oder rote Linsen
1 Bd. Kräuter (Thymian, Rosmarin etc.)
500 ml Gemüsebrühe
Salz, Pfeffer
Rotweinessig

Spanische Linsenpfanne

ZUBEREITUNG

DIE CHORIZO in Scheiben schneiden. Öl in einer Pfanne erhitzen und die Paprikasalami bei milder Hitze darin anbraten. Aus der Pfanne heben und beiseitestellen.

PAPRIKA halbieren, entkernen und von den Rippen befreien. Gründlich waschen, trocken tupfen. Die Zwiebeln abziehen. Beides klein würfeln und im Fett anbraten. Eventuell etwas Fett abgießen, weil die Salami viel Fett ablässt. Wenn die Zwiebeln etwas Farbe angenommen hat, Linsen und Kräuter unterrühren.

DIE BRÜHE angießen und bei geschlossenem Deckel ganz leicht simmern lassen, bis die Linsen weich sind. Sollte noch zu viel Flüssigkeit vorhanden sein, kurz ohne Deckel kochen. Die Salami unterrühren, mit Salz, Pfeffer und einem Schuss Rotweinessig abschmecken.

Spanische Linsenpfanne

Spargelpfanne

MIT RINDERFILET

ZUTATEN *(für 2–3 Portionen)*

- 300 g weißer Spargel
- 300 g grüner Spargel
- 1 TL Butter
- 200 g Rinderfilet
- 1 Knoblauchzehe
- 2 Schalotten
- 1 TL Speiseöl
- 500 g Schupfnudeln
- 200 ml Gemüsebrühe
- 50 ml Sahne light
- einige Blätter Bärlauch (alternativ: Bärlauchpesto)
- Mark von 1 Vanilleschote
- Thymian, Zucker
- Salz, grob geschroteter Pfeffer

Spargelpfanne

MIT RINDERFILET

ZUBEREITUNG

DEN SPARGEL waschen, den weißen Spargel ganz, beim grünen Spargel das untere Drittel schälen. Den Spargel in Stücke schneiden. Einen Liter Wasser mit Salz, einer Prise Zucker und Butter aufkochen. Den weißen Spargel darin ca. 10 Minuten, den grünen ca. 5 Minuten garen lassen. Den Spargel herausnehmen, dabei den Sud beiseitestellen.

DAS RINDERFILET trocken tupfen und in Streifen schneiden. Die Knoblauchzehe abziehen, zerdrücken und mit den Filetstreifen, Pfeffer und Thymian vermischen. Die Schalotten abziehen und in Spalten schneiden.

ÖL ERHITZEN und die Filetstreifen sowie die Schupfnudeln nacheinander anbraten. Anschließend wieder herausnehmen. Die Schalotten in das verbliebene Bratfett geben und andünsten. Dann den Spargel und das Rinderfilet dazugeben und kurz mit erhitzen. Einen Viertelliter Spargelsud, Gemüsebrühe und Sahne angießen, aufkochen und leicht einreduzieren. Den Bärlauch waschen, trocken tupfen und in Streifen schneiden. Die Sauce mit Vanillemark und Bärlauch verfeinern und mit den Gewürzen abschmecken.

ZUTATEN *(für 2 Personen)*

FÜR DIE RÖSTZWIEBELN:

4 Zwiebeln
1 EL Mehl
6 EL Olivenöl

FÜR DIE SPÄTZLE:

500 g Spätzle (Kühlregal)
2 EL Butterschmalz
2 Zwiebeln
100 g durchwachsener Speck
300 g Bergkäse, gerieben
Salz, Pfeffer
1 Bd. Schnittlauch

Spätzlepfanne

ZUBEREITUNG

DIE ZWIEBELN in 2–3 mm dicke Ringe schneiden. Mit einem Gemüsehobel geht es am schnellsten und am besten. Zusammen mit dem Mehl in einen Gefrierbeutel geben, locker verschließen und so lange kräftig schütteln, bis die Zwiebelringe mit dem Mehl überzogen sind. Aus dem Beutel nehmen und im Öl bei milder Hitze in einer Pfanne langsam rösten, bis sie hellbraun sind. Aus der Pfanne nehmen und auf ein Küchenpapier legen. Nicht zu dunkel werden lassen, dann werden die Zwiebeln bitter.

IN EINEM TOPF reichlich Salzwasser aufkochen. Die Spätzle nach Packungsanweisung kochen, dann mit einer Schöpfkelle herausheben und abtropfen lassen.

BUTTERSCHMALZ in einer Pfanne erhitzen. Zwiebeln abziehen, klein würfeln und mit dem Speck bei geringer Hitze darin rösten. Die Spätzle und den Bergkäse zugeben und langsam weiterrösten, bis der Käse geschmolzen ist.

CIRCA EINEN KLEINEN Schöpflöffel Kochwasser über die Spätzle geben, kurz durchschwenken, salzen, pfeffern und mit den Röstzwiebeln und Schnittlauch bestreuen.

Spätzlepfanne

Stockfisch mit Tomaten

INFO: *Stockfisch kann roh gegessen oder – wie in diesem Rezept – gewässert zubereitet werden. Wässern bedeutet, dass der Fisch in reichlich Wasser kühl gestellt wird. Dabei wird das Wasser mehrmals gewechselt. Nach2 – 3 Tagen kann der Stockfisch weiterverarbeitet werden.*

ZUTATEN *(für 4 Personen)*
1 kg Stockfisch
200 g Sellerie
2 EL Kapern
20 entkernte grüne Oliven
1,2 kg Kartoffeln
1 Zwiebel, Öl
600 g geschälte stückige Tomaten (Dose)
Salz, schwarzer Pfeffer

Stockfisch mit Tomaten

ZUBEREITUNG

DEN GEWÄSSERTEN, EINGEWEICHTEN STOCKFISCH in Stücke schneiden. Den Sellerie putzen und in Stücke schneiden, Kapern und Oliven klein schneiden, die Kartoffeln in Spalten schneiden, Die Zwiebel abziehen und klein hacken.

EIN PAAR ESSLÖFFEL Öl in die Pfanne geben und darin Zwiebel, Sellerie, Oliven und Kapern anbraten. Dann 50 ml Wasser angießen, Tomaten, Salz und Pfeffer hinzufügen und noch mal 200 ml Wasser angießen. Für ein paar Minuten kochen lassen und dann den Stockfisch mit der Hautseite darauf legen (die Haut nach dem Kochen entsorgen). Auf niedriger Temperatur etwa 20 Minuten kochen. Dabei einen Deckel nicht ganz auflegen, damit der Dampf entweichen kann und der Sud nicht überläuft. Dann den Fisch mit einer Schicht Kartoffelspalten bedecken und leicht salzen. Etwa 90 Minuten kochen lassen. Während des Kochens ab und zu an der Pfanne rütteln, aber nicht umrühren, damit der Fisch nicht zerfällt. Gegebenenfalls mit einem Kochlöffel den Fisch leicht verschieben.

ZUTATEN *(für 4 Personen)*

1 Knoblauchzehe
1 TL schwarze Pfefferkörner
1 TL Kardamomsaat
400 g Hirschrückenfleisch (ausgelöst und küchenfertig)
10 g frischer Ingwer
1 rote Paprikaschote
150 g Shiitakepilze
1 Sternanis
40 g Pflaumenmus
½ TL Sambal Oelek
6 EL Sojasauce
5 EL Öl
200 ml Wildfond
3 Zweige Koriandergrün

„Wilde" Shiitakepfanne

ZUBEREITUNG

KNOBLAUCH abziehen und grob würfeln. Mit Pfefferkörnern und Kardamomsaat in einem Mörser fein zerstoßen. Das Hirschfleisch in 1 cm dünne Streifen schneiden und mit der Pfeffer-Knoblauch-Paste würzen.

DEN INGWER fein hacken. Paprika putzen, vierteln, entkernen, von der weißen Innenhaut befreien, waschen, trocken tupfen und in mundgerechte Stücke schneiden. Die Shiitakepilze putzen, die Stiele entfernen und größere Kappen halbieren.

STERNANIS IM MÖRSER fein zerstoßen. Dann mit Pflaumenmus, Sambal Oelek und 3 EL Sojasauce zu einer Pflaumensauce verrühren und beiseitestellen.

DIE PFANNE stark erhitzen. 3 EL Öl hineingeben und das Fleisch in 2 Portionen darin kurz und kräftig anbraten. Das Fleisch herausnehmen und durch ein Sieb abtropfen lassen. Den Bratensaft dabei auffangen. Die Pfanne anschließend säubern.

DIE PFANNE erneut stark erhitzen und das restliche Öl hineingeben. Paprika, Pilze und Ingwer darin unter Schwenken 3–4 Minuten braten. Mit Wildfond und restlicher Sojasauce ablöschen. Einmal aufkochen lassen und die Pflaumensauce zugeben. Das Fleisch und den aufgefangenen Bratensaft wieder zugeben und 2–3 Minuten darin ziehen lassen. Die Korianderblätter grob zupfen und darüber streuen.

„Wilde" Shiitakepfanne

TIPP: *Wenn man keinen Mörser zur Hand hat, lassen sich die Körner auch mit einer breiten Messerklinge zerdrücken.*

Vegetarisch – süß & herzhaft

Apfel-Pilz-Pfanne

ZUTATEN *(für 4 Personen)*
1 kg gemischte Pilze
1 Zwiebel
2 EL Öl
2 kleine säuerliche Äpfel
½ Bd. Thymian
3 EL Frischkäse (Doppelrahmstufe)
2 EL Preiselbeeren
Salz, Pfeffer

Apfel-Pilz-Pfanne

ZUBEREITUNG

DIE PILZE putzen und die Stielenden abschneiden. Die Pilze je nach Größe ganz lassen oder in Stücke teilen.

DIE ZWIEBEL abziehen und würfeln. Etwas Öl in einer großen Pfanne erhitzen, die Zwiebel darin glasig dünsten, anschließend herausnehmen.

DIE ÄPFEL schälen, entkernen und in dünne Spalten schneiden. Den Thymian abbrausen und die Blättchen abzupfen. In derselben Pfanne kurz andünsten, anschließend herausnehmen.

DIE PILZE im übrigen Öl portionsweise unter Wenden goldbraun braten, salzen und pfeffern. Zwiebel, Apfelspalten und Thymian wieder zugeben. Den Frischkäse zufügen und bei milder Hitze unter Rühren schmelzen lassen, dabei nicht aufkochen. Pilzpfanne mit Preiselbeeren servieren.

ZUTATEN *(für 4 Personen)*
50 g getrocknete chinesische Morcheln
200 g Shiitakepilze
1 Zucchini, 1 rote Paprika, 1 Stange Lauch
250 g Brokkoli, 1 Chilischote (nach Belieben)
1 Karotte, 1 Stück Ingwer (ca. 3 cm)
1 EL Sesamsamen (nach Belieben)
1 EL Zucker
2 EL Sesamöl, 4 EL Sojasauce
Öl zum Braten

Asiatische Gemüsepfanne

ZUBEREITUNG

DIE MORCHELN in warmem Wasser einweichen. Die Shiitakepilze mit einem Tuch abreiben. Zucchini, Paprika, Lauch, Brokkoli und die Chilischote putzen und waschen, die Karotte und den Ingwer schälen. Die Pilze, die Zucchini und die Karotte in dünne Scheiben, die Paprika in Streifen und den Lauch in Ringe schneiden. Den Brokkoli in Röschen teilen. Die Chilischote und den Ingwer sehr fein würfeln.

NACH EINER EINWEICHZEIT von mindestens 10 Minuten die Morcheln aus dem Wasser nehmen, abtropfen lassen und sehr klein schneiden.

ÖL IN EINER GROSSEN PFANNE erhitzen und das vorbereitete Gemüse und die Morcheln darin unter stetigem Rühren bei großer Hitze ca. 5–10 Minuten braten. Sesam und Zucker dazugeben und kurz mit braten. Danach das Ganze mit Sesamöl und Sojasauce würzen. Das Pfannengemüse sofort servieren.

Asiatische Gemüsepfanne

TIPP: *Dazu passt Basmati- oder Jasminreis sehr gut. Wer mag, kann dieses vegetarische Gericht auch mit Fleisch zubereiten: dann nach Belieben jeweils 400 g Hühnerbrust, Pute oder Rindfleisch mit braten.*

Caponata

INFO: *Caponata ist ein süßsaures Gericht aus der sizilianischen Küche. Die Hauptzutaten sind Auberginen und Tomaten.*

TIPP: *Die Caponata kann als kalte Vorspeise serviert werden, aber auch als warme Beilage – vorzugsweise zu Pasta oder Fischgerichten – oder als Hauptgericht.*

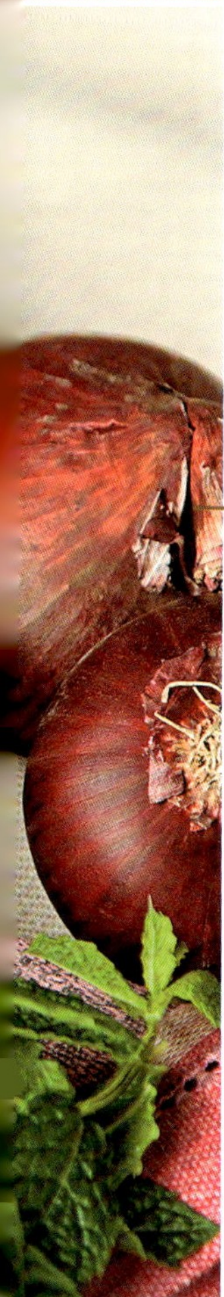

Caponata

ZUTATEN *(für 4 Personen)*

500 g Auberginen
50 g Mandelblättchen
2 Zwiebeln
300 g Tomaten
150 g Kalamata-Oliven
2 EL Kapern
100 ml Rotweinessig
25 g Zucker
Olivenöl
½ Bd. Minze
Salz, Pfeffer aus der Mühle

ZUBEREITUNG

DIE AUBERGINEN waschen und klein würfeln, in ein Sieb geben, mit Salz bestreuen und eine ½ Stunde ziehen lassen. In einer beschichteten Pfanne die Mandelblättchen leicht anrösten und zur Seite stellen.

DIE ZWIEBELN abziehen und in Ringe schneiden, die Tomaten waschen und in kleine Stücke schneiden. In einer Pfanne das Olivenöl erhitzen und die Auberginenstückchen bei starker Hitze darin anbraten. Mit der Schaumkelle wieder herausheben und zur Seite stellen. Jetzt etwas Olivenöl nachgießen und die Zwiebelringe darin glasig werden lassen. Oliven und Tomatenstücke hinzufügen und etwa 10 Minuten köcheln lassen. Mit Salz abschmecken.

DIE GEBRATENEN AUBERGINENSTÜCKCHEN, die Kapern, Mandeln und den Rotweinessig (den Zucker vorher darin auflösen) hinzufügen. Mit der Minze würzen. Weitere 20 Minuten bei kleiner Hitze köcheln lassen. Mit Salz und Pfeffer abschmecken.

ZUTATEN *(für 2 Personen)*

4 Karotten
5 Lauchzwiebeln
1 Knoblauchzehe
50 g Ingwer
150 g chinesische Eiernudeln
4 EL Erdnüsse
8 EL Öl
50 g Palmzucker (oder Honig)
100 g Shiitake-Pilze
150 ml Gemüsebrühe
Salz, Pfeffer
3 EL Sojasauce
Sambal Oelek
Koriander nach Geschmack

Chinesische Nudelpfanne

ZUBEREITUNG

DIE KAROTTEN in dünne Scheiben, die Lauchzwiebeln in dünne Röllchen schneiden. Die Knoblauchzehe abziehen und fein hacken. Den Ingwer schälen und klein würfeln.

NUDELN in kochendes Salzwasser geben und nach Packungsanweisung ziehen lassen. Abtropfen lassen und dann nach Bedarf schneiden.

DIE PFANNE erhitzen und die Erdnüsse ohne Fett darin goldbraun rösten und wieder herausnehmen. Dann das Öl in die Pfanne geben und Karotten sowie die Lauchzwiebeln kurz anbraten.

DEN PALMZUCKER in der heißen Brühe auflösen, Knoblauch und Ingwer hinzufügen und zusammen mit den Nudeln und den geschnittenen Shiitakepilzen zum Gemüse geben.

MIT SALZ, PFEFFER, Sojasauce und Sambal Oelek abschmecken. Mit Korianderblättchen und Erdnüssen garnieren.

Chinesische Nudelpfanne

Gebratenes Frühlingsgemüse

TIPP: *Bei der Zubereitung dieses Gerichtes sollte man zuerst das feste und dann das weiche Gemüse in die Pfanne geben.*

ZUTATEN *(für 4 Personen)*

1 Gemüsezwiebel
1 Strunk Brokkoli
100 g Zuckerschoten
2 große Karotten
1 Glas Maiskölbchen
1 Zucchini
1 Knoblauchzehe
1 TL gekörnte Brühe bzw. ½ Brühwürfel
1 EL Zitronensaft
1 TL Sojasauce
1 TL Maisstärke (Maizena, Mondamin o. Ä.)
3 EL Öl zum Braten
Salz, Pfeffer

Gebratenes Frühlingsgemüse

ZUBEREITUNG

DIE GEMÜSEZWIEBEL schälen, längs vierteln und in mundgerechte Stücke schneiden. Brokkoli waschen und in kleine Röschen zerteilen. Zuckerschoten waschen und die Fäden ziehen. Karotten schälen und quer in 2 mm dicke Scheiben schneiden. Die Maiskölbchen abgießen. Die Zucchini waschen, die Enden abschneiden. In Stifte von 3 mm Dicke schneiden. Die Knoblauchzehe mit einem schweren Küchenmesser auf der Arbeitsplatte leicht andrücken und erst dann schälen.

IN EINER TASSE die Brühe mit Zitronensaft und Sojasauce verrühren. Die Maisstärke mit 4 EL Wasser in einer zweiten Tasse verrühren. Eine Pfanne auf dem Herd bereitstellen, daneben das vorbereitete Gemüse, die Sauce und die angerührte Maisstärke platzieren. Ebenso einen Pfannenwender und eine Gabel.

DIE PFANNE auf höchster Stufe erhitzen, das Öl hineingeben. Sobald es zu rauchen anfängt, die Knoblauchzehe und die Zwiebeln hineingeben. Kurz mit dem Pfannenwender durchschwenken, dann nach und nach das Gemüse hinzufügen: Zuerst Karotten, dann Brokkoli, Zucchini, Maiskölbchen und zuletzt die Zuckerschoten. Zwischendurch den Pfanneninhalt immer wieder durchschwenken. Das ganze Gemüse in der Pfanne noch 1 Minute weiterbraten. Dann die Hitze reduzieren, die vorbereitete Sauce hinzufügen und wieder durchschwenken. Wenn das Gemüse den richtigen Biss hat, die Maisstärke hinzufügen und wieder schwenken. Wer das Gemüse lieber weicher mag, legt einen Topfdeckel auf die Pfanne und lässt alles noch 1 Minute weitergaren. Abschließend mit Salz und Pfeffer abschmecken.

ZUTATEN *(für 4 Personen)*
1 Knoblauchzehe
200 g rote Kirschtomaten
200 gelbe Kirschtomaten
50 g getrocknete Tomaten
3 EL Basilikumblätter
1 EL Salbeiblätter
50 g Gorgonzola
500 g Gnocchi (aus dem Kühlregal)
3 EL Olivenöl
100 g Crème fraîche
Salz, Pfeffer aus der Mühle

Gnocchipfanne

ZUBEREITUNG

KNOBLAUCH abziehen und klein hacken. Die Kirschtomaten waschen und halbieren. Die getrockneten Tomaten klein würfeln. Basilikum- und Salbeiblätter in Streifen schneiden. Gorgonzola in kleine Stücke schneiden.

GNOCCHI nach Packungsanleitung garen, Olivenöl in einer Pfanne erhitzen. Den Knoblauch darin glasig dünsten. Kirschtomaten und getrocknete Tomaten hinzufügen und ganz kurz durchschwenken. Den Gorgonzola dazugeben und schmelzen lassen. Crème fraîche unterrühren. Die Gnocchi dazugeben und kurz köcheln lassen. Basilikum und Salbei hinzufügen und mit Salz und Pfeffer abschmecken.

Gnocchipfanne

Grünkohl-Omelett
(FRITTATA)

INFO: *Eine Frittata ist ein italienisches Omelett. Sie wird warm oder kalt, als Vorspeise oder Hauptgericht serviert oder in kleinen Stücken zum Aperitif gereicht. Frittata werden häufig mit Gemüse, Zwiebeln oder Pilzen und Kräutern zubereitet. In einer Frittata lassen sich auch gut Reste verwerten. So findet man in Italien oft auch Varianten mit Fleisch (z. B. Schinken) oder Fisch (z. B. Garnelen).*

ZUTATEN *(für 4 Personen)*
1 Bund Petersilie
1 Bund Basilikum
200 g frischer Grünkohl
1 Zwiebel (mittlere Größe)
1 Knoblauchzehe
2 EL Olivenöl
8 Eier (Größe M)
3 Prisen Salz
1 Prise Pfeffer
2 Prisen Muskat (frisch gerieben)
15 g Mandeln

Grünkohl-Omelett
(FRITTATA)

ZUBEREITUNG

DIE KRÄUTER und den Grünkohl waschen, entstielen und hacken. Zwiebel und Knoblauchzehe abziehen und klein schneiden. 1 EL Öl in der Pfanne erhitzen. Die Zwiebel und den Knoblauch darin bei schwacher Hitze glasig dünsten. Die Kräuter und den Grünkohl dazugeben, kurz zusammenfallen und abkühlen lassen.

DIE EIER in einer Schüssel mit einer Gabel verschlagen, salzen, pfeffern und mit Muskat würzen. Die Kräuter-Grünkohl-Mischung darunter ziehen. 1 EL ÖL in der Pfanne erhitzen und die zuvor gehackten Mandeln kurz darin anbraten. Dann die Ei-Masse in die Pfanne geben und bei mittlerer Hitze ca. 7 Minuten zugedeckt stocken lassen. Das Omelett vorsichtig wenden und in 3 Minuten fertig braten. Warm oder kalt servieren.

TIPP: *Dazu passt ein Tomatensalat wunderbar.*

ZUTATEN *(für 4 Personen)*
250 g Kokosflocken
400 g gesüßte Kondensmilch
(z. B. „Milchmädchen")
10 Kardamomkapseln
1 Handvoll Pistazien, grob gehackt

Indische Kokosbällchen (SÜSS)

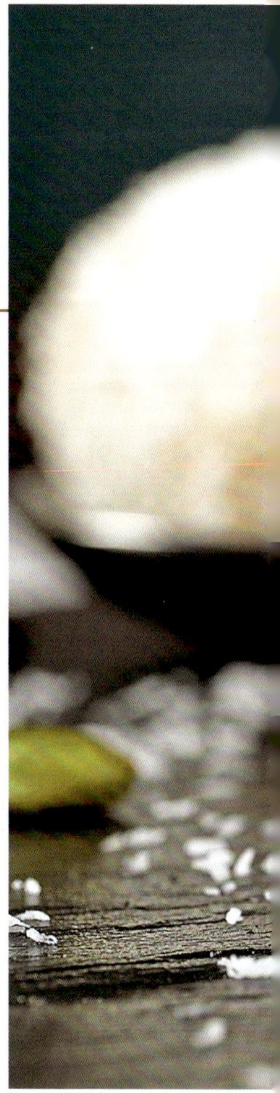

ZUBEREITUNG

KONDENSMILCH, 200 g Kokosflocken, Kardamompulver (die Samen aus den Kapseln vorher im Mörser zerstoßen) und Pistazien in einer Schüssel vermengen. Eine beschichtete Pfanne auf kleiner Hitze erwärmen und die Mischung hineingeben, bis sie fest wird und sich leicht formen lässt. Die Dauer hängt von der Konsistenz der Kondensmilch ab. Vom Herd nehmen und etwas auskühlen lassen, etwa 5–10 Minuten, bis die Masse handwarm ist.

DIE RESTLICHEN KOKOSFLOCKEN auf einem Teller verteilen. Mit angefeuchteten Händen kleine Bällchen formen und in den Kokosflocken wälzen. Die Kokosbällchen können bis zu einer Woche im Kühlschrank aufbewahrt werden. Am besten schmecken sie mit Zimmertemperatur.

Indische Kokosbällchen (SÜSS)

Indische Linsenpfanne

INFO: *Ghee ist ein Speisefett der indischen und pakistanischen Küche, das durch Ankochen und Köcheln von ungesalzener Butter gewonnen wird. Es eignet sich zum Braten, Backen, Schmoren und Dünsten. Es ist das einzige tierische Fett, das aufgrund seiner Reinheit und seiner besonderen Eigenschaften in der ayurvedischen Küche verwendet wird.*

ZUTATEN *(für 2 Personen)*
300 g Linsen, 1000 ml Wasser
1 große weiße Zwiebel
1 EL Kreuzkümmel, gemahlen
1 TL rote Chilipulver
3 EL Ghee oder Butter
4 Knoblauchzehen
1 Stück Ingwer, 5 cm
2 frische grüne Chilischoten (scharf)
3 EL frischer Koriander, fein gehackt
Salz, Pfeffer nach Geschmack

Indische Linsenpfanne

ZUBEREITUNG

DIE LINSEN für 2 Stunden in Wasser einweichen. Dann in eine Schüssel geben. Die Linsen mit der Hand so lange rühren, bis das Wasser trüb ist. Dann das Wasser abschütten. Dies so lange wiederholen, bis das Wasser klar bleibt. Linsen in eine Pfanne geben, einen Liter Wasser, die Hälfte der gehackten Zwiebel, den Kreuzkümmel und das Chilipulver dazugeben. Zum Kochen bringen und dann auf kleinster Temperaturstufe simmernd reduzieren.

DAS GHEE bzw. die Butter in einer 2. Pfanne schmelzen und bei geringer Hitze den gehackten Knoblauch, Ingwer, die restliche Zwiebel und die Chilischoten anrösten. Darauf achten, dass der Knoblauch nicht verbrennt.

DIE GHEE- BZW. BUTTERMISCHUNG zu den simmernden Linsen geben und so lange weiterkochen, bis die Linsen weich sind. Abschließend abschmecken und mit dem gehackten Koriander servieren.

ZUTATEN *(für 4 Personen)*
4 Eier
1 Prise Salz
50 g Zucker
1 EL Vanillezucker
125 ml Milch
125 g Mehl Typ 405
Butterschmalz zum Ausbacken

Kaiserschmarrn (SÜSS)

ZUBEREITUNG

DIE EIER trennen, die Eigelbe mit Salz, Zucker und Vanillezucker schaumig schlagen. Dann abwechselnd Milch und Mehl unterrühren. Aus dem Eiweiß Eischnee schlagen und unterheben.

BUTTERSCHMALZ bei mäßiger Hitze (Stufe 6 von 9) erhitzen, darin portionsweise den Schmarrn ausbacken. Sobald er an der Oberfläche stockt, wenden und kurz abwarten, dann mit der Gabel in Stücke zerreißen und durchschwenken. Den fertigen Kaiserschmarrn bei 50 °C (Ober-/Unterhitze) im Backofen warm halten. Währenddessen die nächsten Portionen ausbacken.

TIPP: *Im österreichischen Original gibt man Rosinen in den Kaiserschmarrn.*

Kaiserschmarrn (SÜSS)

Karamellisierte Arme Ritter (SÜSS)

ZUTATEN *(für 2 Personen)*
4 Scheiben altes Brot
50 g Zucker
100 ml Sahne
100 ml Milch
1 Ei
20 g frische Butter
25 g Puderzucker

Karamellisierte Arme Ritter (SÜSS)

ZUBEREITUNG

DAS BROT ENTRINDEN und in 4 Rechtecke schneiden. Zucker Sahne, Milch und Ei gründlich verquirlen und durch ein Sieb streichen. Das Brot darin eine halbe Stunde einweichen und regelmäßig wenden. Danach herausheben und abtropfen lassen.

EINE BESCHICHTETE PFANNE aufheizen. Die Butter darin zerlassen, das Brot mit Puderzucker bestreuen und bei mittlerer Hitze hellbraun karamellisieren. Mit Eis, Fruchtmus, mit ganzen Früchten etc. servieren.

TIPP: *Die Eiermischung kann nach Belieben gewürzt werden, z. B. mit Lavendelzucker, Zimt, Kardamom usw.*

ZUTATEN

(Beilage für 4 Personen/
Hauptgericht für 2 Personen)

800 g große, mit Schale
gekochte Kartoffeln
(möglichst vom Vortag)
150 g Raclettekäse
Salz, Pfeffer, Muskat
4 EL Sonnenblumenöl

Käserösti

ZUBEREITUNG

DIE KARTOFFELN pellen und auf einer Gemüsereibe grob raspeln. Den Raclettekäse reiben und mit den Kartoffeln mischen. Mit Salz, Pfeffer und einer kleinen Prise Muskat würzen.

ÖL IN DER PFANNE erhitzen, die Kartoffel-Käse-Mischung zugeben und in der Pfanne mit dem Kochlöffel fest zusammendrücken. Die Pfanne mit einem Deckel gut verschließen.

SOBALD DIE KARTOFFELN zu brutzeln beginnen, die Temperatur reduzieren und die Rösti bei kleiner Hitze 20 Minuten braten. Anschließend wenden und weitere 10 Minuten braten.

DAZU schmeckt ein frischer grüner Marktsalat.

Käserösti

TIPP: *Das Rezept lässt sich beliebig variieren – zum Beispiel mit geraspeltem Gemüse, mit Kräutern, Zwiebeln, Knoblauch und/oder geröstetem Speck.*

Kuchen aus der Pfanne (SÜSS)

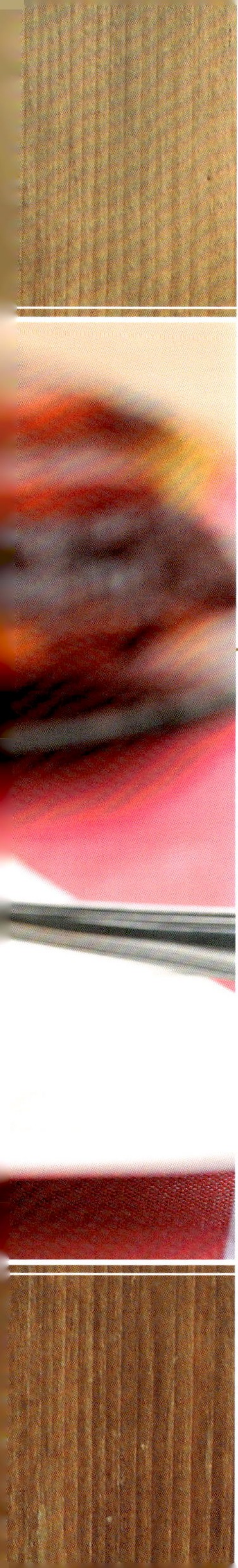

ZUTATEN *(für 6 Personen)*

1 frische Ananas
2 EL Butter
125 g Zucker
Rote Beeren, Sorte nach Belieben

FÜR DEN TEIG:
3 Eigelb
3 Eiweiß
je 375 g Zucker und Mehl
1 TL Backpulver
1 Prise Salz
125 ml kochendes Wasser

Kuchen aus der Pfanne (SÜSS)

ZUBEREITUNG

DIE ANANAS in 1 cm dicke Scheiben schneiden. Butter in einer großen gusseisernen Pfanne schmelzen und den Zucker einstreuen, etwas verrühren. Die Pfanne vom Herd ziehen und die Ananasscheiben nebeneinander in die Pfanne legen. Nun die roten Beeren in die Scheibenmitte geben. Den Backofen auf 160 °C vorheizen.

EIGELB mit der Hälfte des Zuckers verrühren, bis es eine dickflüssige Konsistenz und eine hellgelbe Farbe angenommen hat. Das Mehl, den restlichen Zucker, Backpulver und Salz vermischen. Dann unter Rühren der Eigelbmischung die Mehlmischung und kochendes Wasser langsam hinzugeben, damit das Eigelb nicht stockt.

EIWEISS steif schlagen und unter den Teig heben. Die Masse gleichmäßig über die Ananasscheiben verteilen. Für 45 Minuten in den Backofen geben. Danach den Kuchen sofort auf eine Platte stürzen.

ZUTATEN *(für 4 Personen)*
2 ¼ TL Trockenhefe
1 TL Zucker
1 EL Salz
350 ml Wasser
500 g Mehl
150 g Joghurt
(10 % Fettanteil)

Pfannenbrot

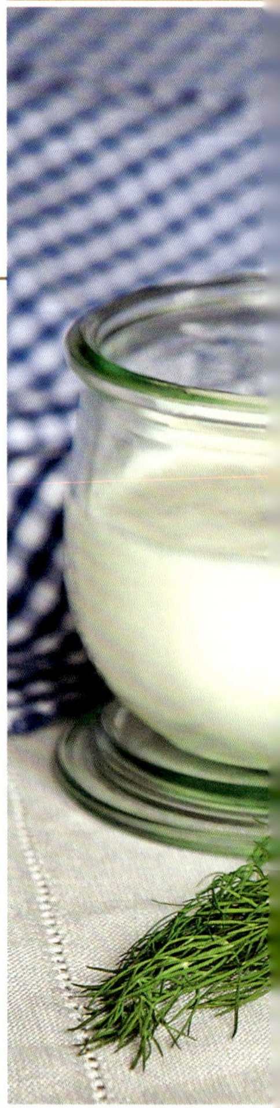

ZUBEREITUNG

TROCKENHEFE, Zucker und Salz in lauwarmem Wasser auflösen. Mehl in eine große Schüssel geben, die Wasser-Hefe-Mischung hinzufügen und alles gut vermengen. Den Teig in einer Schüssel zu einer Kugel formen. Mit einem feuchten Geschirrtuch abdecken und eine Stunde an einem warmen Ort gehen lassen.

DEN TEIG in 4 Portionen teilen und aus jeder Portion einen runden Fladen formen. Wiederum mit einem feuchten Geschirrtuch abdecken und 15 Minuten gehen lassen.

EINE GROSSE PFANNE (am besten aus Gusseisen) auf mittlerer Stufe heiß werden lassen. Einen Teigfladen hineingeben und eine Minute backen, bis die Unterseite des Teigs angebräunt ist. Dann wenden und eine weitere Minute auf der anderen Seite backen. Fladen aus der Pfanne heben und im Backofen warm halten. Mit den restlichen Teigportionen ebenso verfahren.

Pfannenbrot

Pilzpfanne

ZUTATEN *(für 2 Personen)*
1,5 kg Mischpilze (z. B. Maronen, Champignons, Pfifferlinge, Steinpilze etc.)
2 EL Zitronensaft
1 Zwiebel
1 Knoblauchzehe
2 EL Öl
2 TL Mehl
¼ l Gemüsebrühe
200 g Schlagsahne
Salz, Pfeffer
2 EL Butter
Kräuter (Petersilie, Schnittlauch etc.)

Pilzpfanne

ZUBEREITUNG

DIE PILZE mit feuchtem Küchenkrepp abreiben. Dann in Scheiben schneiden, mit Zitronensaft beträufeln und vermischen.

DIE ZWIEBEL und die Knoblauchzehe abziehen und fein würfeln. Öl in einer großen Pfanne erhitzen, Zwiebel und Knoblauch darin glasig dünsten. Die Pilze dazugeben und bei starker Hitze unter Rühren ein paar Minuten braten. Mit Mehl bestäuben, kurz anschwitzen. Brühe und Sahne angießen, bei schwacher Hitze 10 Minuten köcheln lassen. Mit Salz, Pfeffer, Butter und den gehackten Kräutern abschmecken.

DAZU EINFACH ein Baguette reichen. Eine köstliche vegetarische Mahlzeit.

ZUTATEN *(für 2 Personen)*

FÜR DIE TORTILLAS:
150 g Weizenmehl
4 EL Sonnenblumenöl
2 TL Salz
75 ml Wasser

FÜR DEN BELAG:
1 Avocado
1 Tomate
2 Frühlingszwiebeln
2 Champignons
1 Schuss Olivenöl
2 Handvoll geriebener Bergkäse

Quesadilla (KÄSETORTILLA)

ZUBEREITUNG

MEHL, ÖL und Salz in eine Schüssel geben, danach löffelweise warmes Wasser zugeben und alles verkneten, bis ein glatter, fester Teig entsteht. 20 Minuten ruhen lassen. Aus dem Teig eine Rolle formen, diese dann in 2 gleichmäßig große Portionen teilen und jeweils zu einem Fladen (einer Tortilla) ausrollen. Die Tortillas in einer Pfanne von beiden Seiten ohne Fett 2 Minuten braten und auskühlen lassen. Bei diesem Gericht nur mit mittlerer Hitze arbeiten.

DIE AVOCADO schälen und den Kern entfernen. Dann ebenso wie die Tomate, die Frühlingszwiebeln und Champignons in Scheiben schneiden. Einen kleinen Schuss Olivenöl in eine große angewärmte Pfanne geben. Den Pfannenboden mit einer Tortilla bedecken und Avocado, Tomate, Champignons und Frühlingszwiebeln gleichmäßig darauf verteilen. Eine Handvoll Käse darüber verteilen und mit der zweiten Tortilla bedecken. Die Tortilla einige Minuten erwärmen.

DIE TORTILLA in der Pfanne wenden. Dazu am besten einen Teller auf den Tortilladeckel legen und wie beim Pfannkuchenbacken die gesamte Pfanne wenden. Nun die Quesadilla (Käse-Tortilla) wieder in die Pfanne gleiten lassen. Den restlichen Käse darüber streuen. Auch von dieser Seite noch einmal für einige Minuten erwärmen. Eventuell kurz einen Deckel auflegen, damit der Käse schmilzt. Dann am besten mit einem leckeren Kräuterquark oder einer Salsa servieren.

Quesadilla (KÄSETORTILLA)

TIPP: *Einfacher geht es natürlich mit fertigen Tortillas aus dem Supermarkt. Auch der Belag kann ganz nach Belieben variiert werden.*

Spargel-Frittata

MIT TOMATEN-VINAIGRETTE

ZUTATEN *(für 2 Personen)*

FÜR DIE VINAIGRETTE:

40 g Schalotten
10 g getrocknete Tomaten
2 Tomaten
4 EL weißer Balsamico-Essig
5 EL Olivenöl
2 EL Kräuter
Salz, Pfeffer

FÜR DIE FRITTATA:

250 g weißer Spargel
Salz, Pfeffer
50 g Feta
6 Eier
Muskatnuss
Olivenöl, Butter

Spargel-Frittata

MIT TOMATEN-VINAIGRETTE

ZUBEREITUNG

FÜR DIE VINAIGRETTE die Schalotten fein würfeln, die getrockneten Tomaten sehr fein hacken, die frischen Tomaten sehr klein würfeln. Balsamico mit 1–2 EL Wasser und Olivenöl verrühren. Schalotten und Tomaten zugeben. Dann die Kräuter hinzufügen und untermischen. Die Vinaigrette salzen, pfeffern und beiseitestellen.

FÜR DIE FRITTATA vom Spargel die Enden abschneiden, die Spargelstangen schälen und in 2 cm lange Stücke schneiden. Den Spargel in Butter-Olivenöl bei mittlerer Hitze etwa 10 Minuten braten. Den Feta zerbröseln.

DIE EIER mit 4 EL Wasser verquirlen und mit Salz und Pfeffer abschmecken. Die Eiermasse in die Pfanne zum Spargel geben. Den Feta über der Frittata verteilen und zugedeckt bei niedriger Hitze 10–15 Minuten stocken lassen. Zusammen mit der Vinaigrette servieren.

ZUTATEN *(für 4 Personen)*
350 g Spaghetti aus Hartweizengrieß
3 EL Olivenöl
2 Knoblauchzehen
1 kleine Chilischote
3 Tassen Gemüsebrühe
1 Tasse Wasser
Petersilie

Stehende Nudeln in der Pfanne

ZUBEREITUNG

SPAGHETTI in ca. 5 cm lange Stückchen brechen. Das Olivenöl in einer großen Pfanne mit hohem Rand erhitzen und die Nudeln dazugeben. Unter ständigem Rühren rösten, bis sie eine goldbraune Farbe angenommen haben.

NACH ETWA 3 Minuten den zerdrückten Knoblauch und die klein geschnittene Chilischote hinzufügen und etwa 1 Minute mitrösten. Dann die Brühe und das Wasser in die Pfanne gießen und die Nudeln al dente garen.

ZUM ABSCHLUSS die klein geschnittene Petersilie darunter mengen und servieren.

TIPP: *Dieses Rezept kann man auch variieren, indem man eine andere Nudelsorte wählt und statt der Gemüsebrühe z. B. Fleischbrühe verwendet.*

Stehende Nudeln in der Pfanne

Tortilla

TIPP: *Wer möchte, kann kurz vor Ende der zweiten Garzeit die Tortilla mit Käse bestreuen. Natürlich sind weitere Variationen möglich, zum Beispiel mit Salami, Schinken, Speck etc.*

ZUTATEN *(für 4 Personen)*
4 Kartoffeln
1 große Zwiebel
1 rote Paprika
3 Knoblauchzehen
1 Chilischote
Olivenöl
Salz, Pfeffer
6 Eier
3 EL Sahne

Tortilla

ZUBEREITUNG

DIE KARTOFFELN schälen, waschen und würfeln bzw. in Scheiben schneiden. Die Zwiebel abziehen, Paprika halbieren, entkernen und von den weißen Rippen befreien. Gründlich waschen, trocken tupfen und wie die geschälten Knoblauchzehen und die gewaschene Chilischote ebenfalls fein würfeln.

ETWA 4 EL OLIVENÖL in der Pfanne erhitzen und die Kartoffeln und Zwiebel darin etwa 20–25 Minuten bei mittlerer Hitze garen. Dabei sollten die Kartoffeln nicht angebraten werden. Eventuell die Kartoffeln leicht vorkochen. Kurz vor Ende der Garzeit Chili, Knoblauch und Paprika dazugeben. Mit Salz und Pfeffer abschmecken. Die Eier mit Sahne verquirlen und zur Kartoffelmasse geben. Etwa 1 Stunde ruhen lassen.

DANN IN DER PFANNE 4–5 EL Olivenöl erhitzen, die Kartoffeltortilla etwa 5–8 Minuten bei mittlerer Hitze stocken lassen und wenden. Dazu die Pfanne mit Hilfe eines großen Tellers abdecken und im Ganzen wenden, so dass die Tortilla auf dem Teller aufliegt. Dann wieder in die Pfanne gleiten lassen und fertig garen. Zum Servieren in Tortenstücke schneiden. Die Tortilla schmeckt kalt oder warm.

Schnupper-Rezept

Lauch-Kartoffel-Cremesuppe

ZUTATEN
(für 4 Personen)
500 g Kartoffeln
3 Stangen Lauch
2 Zwiebeln
2 EL Olivenöl
1 Gemüsebrühwürfel
Salz, Pfeffer

ZUBEREITUNG
Lauch gründlich putzen, waschen und in Ringe schneiden. Kartoffeln schälen, waschen und würfeln. Die Zwiebeln abziehen, klein schneiden und in Olivenöl bei schwacher Hitze anbräunen. Die Lauchringe und Kartoffelwürfel hinzufügen. Gut umrühren und das Gemüse weitere zehn Minuten mit anschwitzen.

Eineinhalb Liter Wasser dazugießen, den Brühwürfel zerbröseln, mit hineingeben und das Ganze ca. eine Stunde köcheln lassen. Abschließend die Suppe pürieren und mit Salz und Pfeffer würzen.

ISBN 978-3-7843-5074-5

Lauch-Kartoffel-Cremesuppe

Suppen-Rezepte der „Leckere …" Erfolgsreihe.

Schnupper-Rezept

Erdbeer-Holunder-Cocktail

ZUTATEN *(für 6 Portionen)*

150 g Kristallzucker
75 ml Wasser
3 unbeh. Zitronen
2 Msp. Vanillezucker
375 g Erdbeeren
100 ml Holunderblütensirup
Trockener Sekt

ZUBEREITUNG

DEN KRISTALLZUCKER zusammen mit Wasser in einen kleinen Topf geben und köcheln, bis der Zucker sich aufgelöst hat. Die Zitronen auspressen und ihren Saft mit dem Vanillezucker verrühren. Die Erdbeeren waschen, putzen und vierteln. Dann mit dem Zitronensirup übergießen und 1 Stunde kühl stellen.

DIE ERDBEEREN in die Gläser verteilen. Den Holunderblütensirup darauf verteilen und mit Sekt auffüllen.

TIPP: *Wer diesen Cocktail lieber antialkoholisch genießen möchte, nimmt statt Sekt Mineralwasser.*

Erdbeer-Holunder-Cocktail

ALKOHOLISCH

Erdbeer-Zaubereien der „Leckere ...“-Erfolgsreihe.

LV·Buch

Wir lieben das Landleben.

...einfach

Tolle Rezepte zu den verschiedensten Themen. Keine überladenen Ideen,

Die Leckere-Kochbuchreihe:

Unsere beliebte Sammlerreihe zeichnet sich durch ihre absolute Praxistauglichkeit aus. Die Rezepte sind bestens erprobt, einfach nachzukochen und vermeiden abgehobene Zutaten und Utensilien. Die praktische Ringbindung ist perfekt für den Küchenalltag. Das Format findet in jeder Küche Platz. 96 Seiten, verdeckte Spiralbindung. Jeder Band nur € 9,95.

Leckere Torten-Träume 1
ISBN 978-3-7843-5025-7

Leckere Torten-Träume 2
ISBN 978-3-7843-5182-7

Leckere Festtags-Torten
ISBN 978-3-7843-5092-9

Leckere Schnelle Rührkuchen
ISBN 978-3-7843-5093-6

Leckere Beliebte Käsekuchen
ISBN 978-3-7843-5303-6

Leckere Kuchen-Desserts
ISBN 978-3-7843-5035-6

Leckere Einfache Nachspeisen
ISBN 978-3-7843-5149-0

Leckere Schokoladen-Sünden
ISBN 978-3-7843-5076-9

Leckere Marmeladen-Rezepte
ISBN 978-3-7843-5126-1

Leckere Erdbeer-Zaubereien
ISBN 978-3-7843-5127-8

Leckere Apfel-Küche
ISBN 978-3-7843-5274-9

Leckere Klassische Mehlspeisen
ISBN 978-3-7843-5251-0

Erhältlich in jeder Buchhandlung
oder unter www.buchweltshop.de

sondern einfache, kreative Gerichte. Mit praktischer Spiralbindung!

Leckere
Herzhafte Kuchen
ISBN 978-3-7843-5044-8

Leckere
feine Suppen
ISBN 978-3-7843-5074-5

Leckere
Kartoffel-Rezepte
ISBN 978-3-7843-5105-6

Leckere
Kartoffel-Salate
ISBN 978-3-7843-5304-3

Leckere
Lieblings-Aufläufe
ISBN 978-3-7843-5221-3

Leckere
deftige Eintöpfe
ISBN 978-3-7843-5222-0

Leckere
Grünkohl-Rezepte
ISBN 978-3-7843-5138-4

Leckere
Hackfleisch-Rezepte
ISBN 978-3-7843-5090-5

Leckere
Saftige Braten
ISBN 978-3-7843-5158-2

Leckere
Wild-Rezepte
ISBN 978-3-7843-5091-2

Leckere
Grill-Rezepte
ISBN 978-3-7843-5250-3

Leckere
Pfannen-Gerichte
ISBN 978-3-7843-5275-6

Leckere
Vegetarische Küche
ISBN 978-3-7843-5276-3

Leckere
Kürbis-Rezepte
ISBN 978-3-7843-5220-6

Leckere
Pilz-Rezepte
ISBN 978-3-7843-5125-4

Leckere
Salat-Genüsse
ISBN 978-3-7843-5075-2

Leckere
Nudel-Salate
ISBN 978-3-7843-5080-6

Leckere
Neue Spargel-Rezepte
ISBN 978-3-7843-5302-9

LV·Buch im Landwirtschaftsverlag GmbH · 48084 Münster

Landwirtschaftsverlag

LV·Buch
im Landwirtschaftsverlag GmbH,
48084 Münster

2. Auflage 2014

Impressum

FOTOS:
Eileen Gruschka, Münster
außer Titel: Shotshop,
S. 61 – 67: Merle Cramer, Münster

LEKTORAT:
Sabine Deing-Westphal, Rhede

GESTALTUNG:
Monika Wagenhäuser, LV·Buch

DRUCK:
Griebsch & Rochol Druck GmbH & Co. KG,
Hamm

ISBN 978-3-7843-5275-6